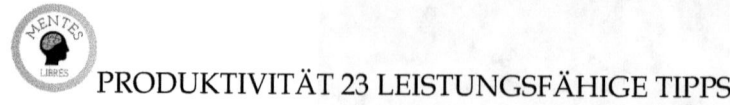 PRODUKTIVITÄT 23 LEISTUNGSFÄHIGE TIPPS

PRODUKTIVITÄT

23

LEISTUNGSFÄHIGE TIPPS

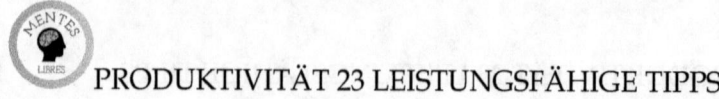 PRODUKTIVITÄT 23 LEISTUNGSFÄHIGE TIPPS

Inhalt

1. Erstellen Sie einen Spielplan!

2. Reduzierung von Ablenkungen

3. Was solltest du zuerst tun?

4. Selbstdisziplin Übung

5. Sie können das Unmögliche tun

6. Erhöhte Motivation

7. Lassen Sie sich nicht von Rückschlägen bedrücken!

8. Seien Ziel orientiert

9. Pass auf dich auf!

10. Warum es wichtig ist, organisiert zu sein

11. Wenn Sie delegieren müssen

12. Erschöpfung vermeiden

13. Lieferungen sind ein Faktor

14. Eine positive Einstellung

15. Negativität widerstehen

16. Aufgaben für Ihr Ziel

17. Über Ihre Mitarbeiter und Angestellten

18. Persönliche Ermutigung

19. Überdehnung widerstehen

20. Warum müssen Sie Stress abbauen?

21. Setzen und ordnen Sie Ihre Prioritäten

22. Üben Sie gute Kommunikationsfähigkeiten aus

23. Strategien sind überall angebracht!

1. Erstellen Sie einen Spielplan!

Ein Faktor, den alle erfolgreichen Menschen gemeinsam haben, ist effektives Zeitmanagement. Vielleicht ziehen Sie es vor, es Struktur, Aufgabenstellung oder einen Spielplan zu nennen. Jedes Wort oder jeder Begriff, das/der für Sie funktioniert, ist in Ordnung. Solange Sie es ernst nehmen und in die Praxis umsetzen, schaffen Sie eines der Grundprinzipien der Produktivität.

Es mag eine gute Idee sein, darüber nachzudenken, und warum dieser Faktor für den Erfolg so wichtig ist. Vielleicht können Sie damit beginnen, über das Gegenteil nachzudenken: Wege, die nicht funktionieren. Selbst wenn Sie eine sehr kleine Aufgabe zu erledigen haben, kann es sein, dass Sie sie zu spät oder gar nicht erledigen, wenn Sie Ihre Zeit nicht richtig einteilen. Möglicherweise arbeiten Sie auf einen Termin hin oder haben eine Aufgabe, für deren Erledigung Ihnen kein bestimmter Zeitrahmen zur Verfügung steht. Wenn Sie keinen Spielplan dafür haben, werden die Ergebnisse nicht zufriedenstellend sein. Während Verzögerungen und Zeitverluste die Produktivität behindern, kann ein Mangel an effektivem Zeitmanagement ebenso destruktiv sein.

Ihre Produktivität zu steigern und die Dinge zu erledigen, bedeutet, einen guten Spielplan zu haben. Zunächst müssen Sie genau wissen, was zu tun ist. Zweitens müssen Sie auch dann, wenn Sie keine bestimmte Frist haben, entscheiden, wann es getan werden soll. Der dritte Schritt besteht darin, sich an die Arbeit zu machen.

Sie wollen Ihre Ziele erreichen, ob sie nun kurz- oder langfristig sind. Sie wollen auch stolz und zufrieden mit den Ergebnissen sein. Wenn man sich nicht damit zufrieden gibt, einfach "mit dem Strom zu schwimmen" und stattdessen seinen Spielplan bei jedem Schritt ernst nimmt, sind Erfolg, Stolz und Zufriedenheit fast garantiert.

Struktur und Zeitmanagement können einfach sein, wenn sie ein Teil Ihres Lebens gewesen sind. Wenn Sie an diese Konzepte nicht gewöhnt sind, ist es jetzt an der Zeit, sie in Ihrem täglichen Leben umzusetzen. Ganz gleich, ob Sie Ihr eigenes Unternehmen gründen, für eine andere Person arbeiten oder ob Sie in Ihrem Beruf für Ihre Familie sorgen, Sie werden viele Vorteile und Belohnungen erhalten, wenn Sie einen guten Spielplan aufstellen.

Wenn Sie jemals das Gefühl gehabt haben, dass der Tag nicht genug Stunden hat, um alles zu tun, was Sie tun müssen, dann ist dies ein sehr positiver Schritt für Sie. Sie werden angenehm überrascht sein, wie viel Sie erreichen können. Mit einem Spielplan kann es passieren, dass Sie jeden Tag mehr tun, als Sie normalerweise in einer Woche erreichen. Sie werden nicht nur produktiver sein, sondern es wird auch viel einfacher sein, jedes Ziel zu erreichen.

2. Reduzierung von Ablenkungen

Es gibt nur wenige Dinge, die die Produktivität so schnell und sicher blockieren wie Ablenkungen. Wenn man sich nicht richtig konzentrieren und konzentrieren kann, kann man die Dinge nicht erledigen. Selbst wenn man etwas erreicht, kann es stressig und frustrierend sein. Ob bei der Arbeit, in der Schule oder auf dem Feld: Wenn Sie die Ablenkungen reduzieren, die Ihre Fähigkeit, produktiv zu sein, beeinflussen, können Sie mehr erreichen.

Bei der Planung der Reduzierung von Ablenkungen in Ihrer Umgebung sind zwei Schlüsselpunkte zu beachten. Der erste Punkt ist, was bei Ihnen funktioniert und was bei jemand anderem funktioniert, kann völlig unterschiedlich sein. Der zweite Punkt ist, dass Sie vielleicht nicht hundertprozentig sicher sind, welche Gewohnheiten für Sie am effektivsten sind, wenn Sie Ihre Gewohnheiten nicht untersucht haben. Die gute Nachricht ist, dass es nicht viel Zeit und Mühe kostet, zu überlegen, wie sich Ihre Gewohnheiten auf Ihre Produktivität auswirken, und damit zu beginnen, sie entsprechend anzupassen.

Wenn Sie heutzutage wie die meisten Menschen sind, ist Multi-Tasking ein Teil Ihres Alltags und Ihres Alltagsvokabulars geworden. Möglicherweise gibt es eine Reihe von Dingen, die Sie an einem Tag erledigen müssen, und vielleicht tun Sie sie gleichzeitig. Wenn Sie es mit Multitasking übertreiben, kann das zwei Folgen haben. Es kann sein, dass Sie nicht alles tun; oder es kann zu lange dauern und keine zufriedenstellenden Ergebnisse bringen.

Dasselbe gilt für Ablenkungen. Der Versuch, eine Arbeit zu erledigen, und zwar korrekt und gut, wird keine zufriedenstellenden Ergebnisse bringen, wenn man zulässt, dass Ablenkungen in den Weg kommen. Die Arbeit während des Musikhörens, Fernsehens oder Telefonierens ist nicht auf Jugendliche beschränkt. Viele Erwachsene tun diese Dinge in ihren Heimbüros und sogar in einem Büro, das von anderen Personen besetzt ist.

Sie können Ihre Konzentration fördern, aber genauso gut können sie Ihre Konzentration ruinieren und Sie von dem ablenken, was Sie gerade tun. Um produktiver zu sein, ist eine Analyse Ihrer Gewohnheiten erforderlich. Sie können einige oder alle dieser Ablenkungen ausschalten und sehen, ob Sie sich besser auf die anstehende Aufgabe konzentrieren können. Vielleicht stellen Sie fest, dass Sie die Arbeit ohne Ablenkung besser, schneller und effektiver erledigen können. Andererseits können Sie feststellen, dass einer dieser

Faktoren Ihre Konzentration tatsächlich fördert.

Während es einfach ist, das zu finden, was für Sie funktioniert, wenn Sie allein arbeiten, kann es etwas komplizierter sein, wenn Sie mit anderen zusammenarbeiten. Mitarbeiter, die ständig ihre Telefone benutzen, ihre Radios in der Nähe Ihres Arbeitsplatzes besuchen oder hören, können Sie von Ihrer Konzentration ablenken. Wenn Sie höflich an sie herantreten, reicht das vielleicht aus, um Ablenkungen zu verringern, damit Sie sich auf Ihre Arbeit konzentrieren können.

3. Was solltest du zuerst tun?

Wenn Sie an Ihre Schulzeit denken, können Sie sich daran erinnern, dass die Lehrerinnen und Lehrer Ihnen gesagt haben, dass man Hausaufgaben und andere Projekte am besten löst, indem man die schwierigste Aufgabe zuerst erledigt. Möglicherweise haben sie Ihnen auch geraten, die Aufgabe anzugehen, die Ihnen am meisten missfallen hat, bevor Sie weitermachen. Derselbe Ansatz kann Ihre heutige Produktivität erheblich verbessern.

Wenn Sie sich auf den Beginn eines neuen Arbeitstages vorbereiten, versuchen Sie, mit der Umsetzung dieses Ansatzes zu beginnen. Anstatt mit einer Aufgabe zu beginnen, die Ihnen gefällt oder die Sie leicht finden, beginnen Sie mit einer, die Ihnen nicht gefällt oder die Ihnen ziemlich schwierig erscheint. Am Ende des Tages werden Sie vielleicht angenehm überrascht sein von dem, was Sie erreicht haben. Sie werden auch das Gefühl haben, dass der Tag viel reibungsloser verlaufen ist.

Ein Grund dafür ist, dass Sie zu Beginn Ihres Arbeitstages mehr Energie haben werden. Wenn Sie diese Energie den schwierigeren oder unangenehmeren Aufgaben widmen, werden Sie sich nicht so erschöpft oder frustriert fühlen, wenn Sie sie erledigen. Ein zweiter Grund ist, dass man, wenn man mit Aufgaben beginnt, die einem Spaß machen, oft sehr negativ auf diejenigen blickt, die einem nicht gefallen.

Anstatt sich an den leichteren Aufgaben zu erfreuen, während man sie erledigt, fürchtet man sich vor den vor einem liegenden Aufgaben. Wenn Sie die schwierigeren Aufgaben zuerst erledigen, haben Sie nicht nur mehr Energie für den Rest des Tages übrig, sondern Sie werden auch die anderen Aufgaben mehr schätzen, wenn Sie sie erledigen.

Dieser Ansatz wird Ihre Produktivität steigern. Wenn Sie Ihren Arbeitstag nicht als einen langen, mühsamen Kampf betrachten, werden Sie mehr erreichen. Wenn Sie die Aufgaben, die Ihnen nicht gefallen, gleich zu Beginn des Tages erledigen, werden Sie bei allen Ihren Aufgaben bessere Ergebnisse erzielen. Sie werden nicht nur mehr erreichen, sondern auch viel zufriedener mit dem Ergebnis der einzelnen Aufgaben sein.

Es liegt zwar in der menschlichen Natur, zuerst tun zu wollen, was einem gefällt, aber die schwierigsten Dinge am Horizont können einen verlangsamen und einem die Energie rauben.

PRODUKTIVITÄT 23 LEISTUNGSFÄHIGE TIPPS

Wenn Sie produktiver sein und bei allem, was Sie tun, die besten Ergebnisse erzielen wollen, folgen Sie dem Rat Ihrer Schullehrer und nehmen Sie die schwierigsten Aufgaben zuerst in Angriff.

Ihre Produktivität wird steigen und Sie werden jeden Tag mit einem erfrischenden Gefühl der Erfüllung abschließen.

4. Selbstdisziplin Übung

Selbstdisziplin ist ein wesentlicher Faktor für Produktivität und Erfolg. Ohne sie wird man faul, unmotiviert und von anderen abhängig. Ein Mangel an Selbstdisziplin erschwert auch den Umgang mit Mitarbeitern, Chefs oder Kollegen.

Selbstdisziplin zu üben bedeutet, auf altmodische Art und Weise zur Sache zu kommen. Sie müssen wissen, was getan werden muss, wann es getan werden muss und wie es getan werden kann. Zu einer guten Selbstdisziplin gehört ein grundlegender Zeitplan oder Rahmen dessen, was innerhalb einer bestimmten Zeitspanne erreicht werden muss.

Eine zu starre Selbstdisziplin erhöht jedoch nicht die Produktivität. Es kann sie sogar verringern. Wenn Sie sich während des Arbeitstages keine Pausen gönnen oder es keinen Spielraum für Fehler gibt, sind die Erwartungen, die Sie an sich selbst stellen, zu starr. Anstatt mehr oder in kürzerer Zeit mehr zu tun, kann es dazu führen, dass Sie sich mit Ihren Aufgaben und Ihrer Arbeit frustriert fühlen.

Wenn Sie früh im Leben Selbstdisziplin gelernt haben, werden Sie jetzt wahrscheinlich keine Schwierigkeiten haben. Wenn andererseits Ihre Schulzeit und Ihr Familienleben zu starr waren oder wenig von Ihnen erwartet wurde, ist dies ein guter Zeitpunkt, diese Gewohnheit zu entwickeln. Es mag Ihnen gelungen sein, ohne einen guten Sinn für Selbstdisziplin durch Ihre frühen Jahre zu schlüpfen, aber das wird Ihre Karriere behindern.

Ein guter Weg, Selbstdisziplin zu kultivieren, besteht darin zu erkennen, wofür Sie verantwortlich sind.

Sie können damit beginnen, die Verantwortung dafür zu übernehmen, dass die Arbeit korrekt und pünktlich erledigt wird. Wenn dies für Sie ein relativ neues Konzept ist, müssen Sie auch erkennen, dass Fehler auftreten, und in der Lage sein, sie ohne unnötige Frustration zu korrigieren.

Zur Ausübung von Selbstdisziplin gehört auch, sich nicht von Ablenkungen und zeitraubenden Aktivitäten ablenken zu lassen. Auch wenn Sie vielleicht eine kurze Pause während Ihres Arbeitstages brauchen und verdienen, können Sie sie nicht von Ihrer Arbeit wegnehmen.

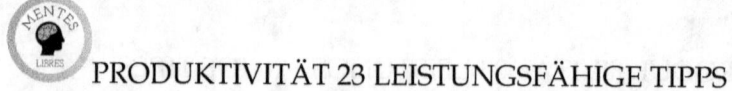 PRODUKTIVITÄT 23 LEISTUNGSFÄHIGE TIPPS

Wenn Sie die Gewohnheit der Selbstdisziplin entwickelt haben, wird es Ihnen leichter fallen, Aufgaben zu erledigen. Sie werden gut und pünktlich erledigt werden. Sie werden Ihre Produktivität steigern und dem Erfolg viel näher kommen.

5. Sie können das Unmögliche tun

Wenn Sie schon einmal so viele verschiedene Aufgaben zu erledigen hatten oder Aufgaben, die über Ihre Fähigkeiten hinauszugehen schienen, wissen Sie, wie es ist, wenn man das Gefühl hat, dass es unmöglich ist. Wenn diese Art von Aufgaben in Ihren Verantwortungsbereich fallen, gibt es einige positive Möglichkeiten, wie Sie an sie herangehen können. Vielleicht stellen Sie fest, dass Sie wirklich das Unmögliche schaffen können.

Manchmal mögen Sie Aufgaben als unmöglich ansehen, weil Sie von der Menge, die Sie in kurzer Zeit erledigen müssen, überfordert sind. Auch wenn sie alle recht einfach sind, können sie sich zu einem Berg von Arbeit summieren, von der man vernünftigerweise nicht erwarten kann, dass sie beendet wird. Das kann passieren. Es nimmt mehr in Anspruch, als Sie bewältigen können, oder wenn unerwartete "Überraschungen" ohne angemessene Vorbereitung auftreten.

Eine positive Herangehensweise an die oben beschriebene Situation besteht darin, zunächst einmal vernünftig zu sein, was man tun kann. Wenn Sie zu viel auf sich nehmen, liegt das zum Beispiel an Themen wie

- Eine finanzielle Notlage.
- Versuchen Sie, für Ihren Chef gut auszusehen.
- Überwindung eines Mitarbeiters.

Eine vorherige Einschätzung Ihrer Fähigkeiten kann dieses Problem beseitigen. Ein wirksamer Ansatz in dieser Situation besteht darin, Prioritäten setzen zu lernen.

Wenn eine unerwartete Aufgabe oder ein unerwartetes Projekt auftaucht, während Sie mit Ihren anderen Aufgaben beschäftigt sind, müssen Sie entscheiden, welche Aufgaben sofort erledigt werden müssen und welche bis später warten können. In vielen Fällen ist es eine gute Idee, mehr Zeit für alles zu fordern.

Manchmal haben Sie vielleicht ein Projekt, das Ihre Möglichkeiten wirklich übersteigt. In diesen Fällen ist der beste Ansatz, Ihre Grenzen zu erkennen. Je nach den Umständen können Sie um Hilfe bitten oder erklären, dass Sie dies nicht tun können.

Gutes Zeitmanagement und eine klare Anerkennung Ihrer Fähigkeiten sind der Schlüssel, um das Unmögliche möglich zu machen. Anstatt sich von der Arbeit überfordert oder von etwas gestresst zu fühlen, das Sie einfach nicht tun können, werden Sie Ihre Energie und Ihr

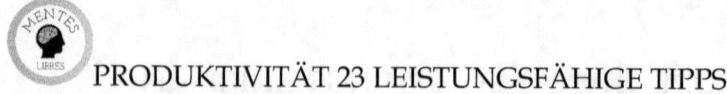

Selbstwertgefühl steigern. Niemand kann alles machen, und niemand kann alles gleich gut machen, aber Sie werden Ihr Bestes tun. Dies wiederum wird das Gefühl, überfordert zu sein, verringern und Ihnen helfen, viel produktiver zu sein.

6. Erhöhte Motivation

Wir alle haben Menschen sagen hören, dass sie "nicht motiviert" waren, um sich zu entschuldigen, Dinge nicht zu tun. In den meisten Fällen ist dies eine höfliche Art zu sagen, dass sie faul sind. In der realen Welt, in der Produktivität und Erfolg entscheidend sind, ist Motivation ein Schlüsselelement. Wenn es für Sie nicht selbstverständlich ist, können Sie nach Möglichkeiten suchen, Ihre eigene Motivation zu steigern, und sie täglich in die Praxis umsetzen.

Je motivierter Sie sind, desto mehr können Sie tun. Eine Möglichkeit, wie Sie versuchen können, Ihre Motivation zu steigern, besteht darin, Ihre Leistungen zu genießen und zu würdigen. Anstatt zu warten, bis Sie Ihr Ziel erreicht haben, beginnen Sie damit, jede Aufgabe, die Sie auf Ihrem Weg erledigen, zu genießen und zu würdigen. Auch wenn Sie keine Zeit verschwenden und sich nicht ablenken lassen sollten, kann ein bildhaftes Schulterklopfen für gut und korrekt erledigte Aufgaben eine gute Möglichkeit sein, Ihre Motivation zu steigern. Sie werden mehr tun wollen; und Sie werden sich weiterhin auszeichnen wollen.

Wenn Sie dies tun, helfen Sie auch, Ihre Ausdauer zu erhöhen. Anstatt sich von einem großen Ziel am Horizont überwältigt zu fühlen, das Sie müde und gestresst machen kann, können Sie sich energischer und besser auf die nächste Aufgabe vorbereitet fühlen.

Es ist leicht, dass ein Mensch seinen Sinn für Motivation verliert, wenn er das Gefühl hat, nichts zu erreichen. Das kann dazu führen, dass Sie sich weniger gut fühlen in dem, was Sie tun, und noch weniger gut in dem, was Sie tun. Glücklicherweise ist es nicht schwer, dieses Muster umzukehren und an die Spitze zu gelangen. Wenn Sie sich daran gewöhnen, sich bei jeder Aufgabe, die Sie erledigen, gut zu fühlen und auf jede einzelne Leistung stolz zu sein, werden Sie Ihre Motivation steigern, noch mehr zu tun und es jedes Mal besser zu machen.

Da Ihre Motivation und Ihre Energie miteinander verbunden sind, werden Sie auch feststellen, dass Sie viel mehr Energie für all die Aufgaben haben, die vor Ihnen liegen. Ganz gleich, wie groß Ihr Endziel ist oder wie viel Zeit und Arbeit Sie investieren müssen, um dieses spezielle Ziel zu erreichen, Sie werden angenehm überrascht sein, wie viel mehr Fortschritte Sie machen. Mit steigender Motivation und Energie werden Sie immer mehr bekommen. Sie werden sehen, wie viel Produktivität Sie jeden Tag erreichen können.

7. Lassen Sie sich nicht von Rückschlägen bedrücken!

Eines der größten Hindernisse für die Produktivität ist ein Ansatz, den viele Menschen bei Rückschlägen verfolgen. Wenn Sie einen Rückschlag als Misserfolg ansehen, können Sie nicht nur Ihre Produktivität einschränken, sondern auch sich selbst davon abhalten, etwas zu tun.

Das gilt für jeden Beruf, jede Schule oder jeden anderen Lebensbereich. Wenn Sie einen Rückschlag als Misserfolg ansehen, können Sie verhindern, dass er weitergeht. Man kann weniger erreichen, oder man kann überhaupt nichts erreichen.

Rückschläge gibt es in allen Lebensbereichen. Unabhängig von der Art Ihrer Arbeit erleben Sie diese wahrscheinlich gelegentlich oder regelmäßig. Rückschläge können dadurch entstehen, dass man Fehler macht, dass man nicht ausreichend auf das vorbereitet ist, was man tun muss, oder durch unerwartete Probleme, die niemandem anzulasten sind. Wie Sie einen Rückschlag erleben und sehen, bestimmt, wie er sich auf Sie und Ihre Produktivität auswirken wird.

Wenn es jedoch zu einem Rückschlag kommt, gibt es eine Perspektive, die verhindern kann, dass er zu einem Hindernis wird, und die in der Tat Ihre Produktivität erhöht. Wenn der Rückschlag auf einen Fehler Ihrerseits zurückzuführen ist oder wenn niemand Schuld daran hatte, dann ist die Weigerung, ihn als Misserfolg zu sehen, der erste Schritt, ihn wieder auf den richtigen Weg zu bringen.

Der zweite Schritt besteht darin, den Rückschlag als eine Gelegenheit zu sehen, sich beim nächsten Mal zu verbessern. Wenn Sie bei Ihrer Arbeit einen Fehler gemacht haben, ist es am besten, zu versuchen, den Fehler zu korrigieren und weiterzumachen.

Es ist zwar wichtig, dass Sie nicht versuchen, einen Fehler zu verbergen, aber Sie dürfen sich nicht von einem Fehler aufhalten lassen. Wenn Sie es nicht korrigieren und vorankommen, denken Sie vielleicht über das Geschehene nach oder werden besessen davon. Diese Verhaltensweisen sind nie hilfreich. Sie werden Sie nicht nur davon abhalten, Dinge zu tun, sondern Ihnen auch ein schlechtes Selbstwertgefühl geben. Im schlimmsten Fall können sie dazu führen, dass man sich inkompetent fühlt. Das ist nicht der richtige Weg, die Dinge zu tun.

Jeden Rückschlag als eine Lernerfahrung zu betrachten, ist ein viel besserer Ansatz. Sie

können sich selbst sagen, dass Sie in der Lage sind, es besser zu machen und mehr zu tun. Solange Sie Rückschläge und nicht Misserfolge auf diese Weise betrachten, werden sie Sie nicht davon abhalten, vorwärts zu gehen. Korrigieren Sie den Fehler, lernen Sie daraus und machen Sie weiter. Wenn Sie dieses Muster entwickelt haben und es zu einem regelmäßigen Bestandteil Ihres Arbeitslebens machen, werden Rückschläge Sie nicht daran hindern, produktiv zu sein.

8. Seien Ziel orientiert

Sie werden überrascht sein, wie viele Menschen nicht wissen, was sie in ihrem Arbeitsleben anstreben. Auf der anderen Seite könnten Sie selbst einer dieser Menschen sein. Wenn ja, ist es jetzt an der Zeit, sich zu orientieren. Wenn man weiß, wohin man geht, ist das einer der wichtigsten Schritte, um sicherzustellen, dass man dorthin gelangt.

Wenn Sie morgens zur Arbeit gehen wollen, was ist der erste Gedanke, der Ihnen in Bezug auf Ihr Ziel in den Sinn kommt? Wenn man wie viele Leute ist, denkt man überhaupt nicht an ein Ziel. Stattdessen denken Sie vielleicht darüber nach, wie viel Arbeit Sie erledigen müssen oder wie gut die Bezahlung am Ende der Woche sein wird. Wenn Sie Ihre Gedanken auf ein Ziel ausrichten, wird es viel produktiver sein.

Je nach Art Ihrer Arbeit können die Ziele eine Vielzahl unterschiedlicher Formen annehmen. Vielleicht haben Sie selbst etwas zu produzieren, oder Sie sind Teil eines Teams. Sie können einen sehr positiven Sinn für Selbstdisziplin haben, oder Sie können sehr gut im Team arbeiten. Wie auch immer Ihr Platz in Ihrem Arbeitsleben aussehen mag, zielorientiert zu sein wird Ihre Produktivität steigern.

Zielorientiert zu sein muss nicht bedeuten, sich nur auf eine große Leistung zu konzentrieren. Wenn Sie anfangen, es als eine Reihe von kleinen Zielen zu betrachten, wird Ihnen jedes einzelne, das Sie erreichen, zwei Vorteile bringen, nämlich

- Mehr Motivation zum Weitermachen.
- Näher am Ziel sein.

Nichts kann über Nacht erreicht werden. Alles, was sich lohnt, erfordert Zeit, Mühe und Arbeit. Wenn Sie sich die Entfernung und die Schritte, die Sie unternehmen müssen, um dorthin zu gelangen, anschauen, werden Sie bald sehen, um wie viel produktiver Sie mit jedem Schritt des Weges sein werden.

Einfach mit dem Strom zu schwimmen und sich nicht auf seine Ziele zu konzentrieren, wird Sie bremsen. Sie werden nicht viel erreichen, wenn Sie sich nicht darauf konzentrieren, sie zu erreichen. Wenn Sie wissen, wohin Sie gehen, ist es der sicherste Weg, um zu wissen, dass Sie dorthin gelangen werden.

9. Pass auf dich auf!

Wenn Sie wie die meisten Menschen sind, haben Sie wahrscheinlich schon die Erfahrung gemacht, die ganze Nacht zu arbeiten, um etwas zu tun. Möglicherweise haben Sie nicht geschlafen oder gefüttert und andere wichtige Faktoren bei der Selbstversorgung beachtet, um eine Aufgabe zu erledigen oder einen Termin einzuhalten.

Auch wenn dies manchmal notwendig ist, wird die Vernachlässigung der Selbstversorgung auf regelmäßiger oder häufiger Basis kontraproduktiv sein. Ihre Gesundheit kann leiden, solange Sie nicht annähernd so viel erreichen, wie Sie sich erhofft haben.

Wenn Sie sich um sich selbst kümmern, werden Sie nicht nur gesund bleiben, sondern auch produktiv bleiben. Wer nicht regelmässig schläft oder sich auf Junkfood verlässt, statt nahrhafte Mahlzeiten zu sich zu nehmen, ist körperlich oder geistig der Aufgabe nicht gewachsen.

Auch wenn Sie vielleicht glauben, Sie geben 100 Prozent für Ihre Arbeit, sind diese ungesunden Gewohnheiten schädlich.

Wenn Sie andererseits regelmäßig genug Schlaf bekommen und sich gesund ernähren, haben Sie mehr für Ihre Arbeit zu geben. Wenn Sie in Topform sind, können Sie sich besser konzentrieren, sind wacher und ermüden nicht so leicht. Sie werden es besser machen und Sie werden mehr tun.

Wenn Ihr Arbeitstag aus vielen Tassen Kaffee oder anderen künstlichen Energiestimulatoren bestanden hat, ist es an der Zeit, Ihre persönlichen Pflegegewohnheiten zu überprüfen.

Wenn Sie feststellen, dass Sie nicht genug Schlaf bekommen haben und sich auf diese Produkte verlassen haben, um durchzuhalten, oder wenn Sie das Gefühl haben, dass gute Ernährung durch Junk Food und Snacks ersetzt wurde, ist es an der Zeit, zu bewerten, wie sich diese Gewohnheiten auf Ihre allgemeine Gesundheit auswirken.

Es ist auch an der Zeit, über die Auswirkungen nachzudenken, die dies auf Ihre Arbeit haben kann.

Obwohl fast jeder gelegentlich in der Lage ist, eine Mahlzeit auszulassen oder bis spät in die Nacht zu arbeiten, ist es unwahrscheinlich, dass sie Ihnen helfen, produktiver zu sein, wenn dies für Sie zur Gewohnheit geworden ist.

Tatsächlich halten sie Sie wahrscheinlich sogar zurück.

Selbst wenn Sie einen schnelllebigen Job mit vielen Verantwortlichkeiten und Terminen haben, ist die Vernachlässigung einer angemessenen Selbstversorgung kontraproduktiv. Wenn Sie anfangen, die Gewohnheit zu entwickeln, genug Schlaf zu bekommen und sich richtig zu ernähren, werden Sie mehr tun, als nur für sich selbst zu sorgen. Sie werden mehr tun und mit den Ergebnissen zufriedener sein.

10. Warum es wichtig ist, organisiert zu sein

Wenn man darüber nachdenkt, ist Organisiertheit einer der wesentlichsten Faktoren, um produktiv zu sein. Man muss nicht extrem starr sein, um organisiert zu sein, aber man muss sich über alles, was im Arbeitsalltag passiert, im Klaren sein und darüber nachdenken. Dinge zu erledigen bedeutet, sich mit Ihrer Zeit, den von Ihnen verwendeten Hilfsmitteln und Ausrüstungen und Ihren Erwartungen zu organisieren.

Sie können sich jemanden vorstellen, der unorganisiert ist und wie sich das auf seine Arbeit auswirkt. Möglicherweise hetzen Sie von Zeit zu Zeit durch Ihren Arbeitstag, verpassen Termine, sind sich nicht sicher, was Sie zu erledigen haben, und gehen nachlässig mit den Materialien oder Geräten um, mit denen Sie tagsüber arbeiten. Es handelt sich um eine Person, die die Dinge nicht erledigt, weil ihre Unorganisiertheit sie daran hindert, produktiv zu sein.

Sie werden in kürzerer Zeit viel erfolgreicher sein, wenn Sie gut organisiert sind. Sie können damit beginnen, einen grundsätzlichen Zeitplan zu erstellen, was zu tun ist und wann es zu tun ist. Sie können sicherstellen, dass Sie im Voraus wissen, wo sich all Ihre Vorräte befinden, so dass Sie keine Zeit damit verschwenden, nach etwas zu suchen, wenn Sie es brauchen.

Es ist nicht schwierig, sich mit zeitlichen und materiellen Dingen zu organisieren. Wenn Sie diese Gewohnheit noch nicht kultiviert haben, kann es jedoch ein wenig Übung erfordern, bis Sie sich völlig natürlich fühlen. Die Erstellung einer Zusammenfassung Ihres Arbeitstages wird Ihnen helfen, dort hinzukommen, wo Sie sein müssen, und die Dinge rechtzeitig zu erledigen. Wenn Sie Ihre gesamten Vorräte geordnet und ordentlich aufbewahren, vermeiden Sie Zeitverschwendung und das Gefühl der Frustration, dass Sie Gegenstände nicht leicht finden können, wenn Sie sie brauchen.

Wenn Ihr Ziel darin besteht, Ihre Produktivität zu steigern, ist es wichtig, die Dinge zu erledigen und zu organisieren. Wenn Sie einer der vielen Menschen sind, die diese positive Gewohnheit noch nicht entwickelt haben, könnten Sie von den Ergebnissen überrascht sein. Sie werden bald sehen, dass Sie viel mehr erreichen, eine bessere Arbeit leisten und am Ende zufriedenstellendere Ergebnisse erzielen. Wenn Sie sich in jedem Aspekt Ihres Arbeitslebens besser organisieren, wird Ihre Produktivität erheblich gesteigert.

11. Wenn Sie delegieren müssen

Es gibt zwei verschiedene Arten der Delegation, die negativ sind. Beides kann die Produktivität hemmen, anstatt sie zu erhöhen. Wenn Sie einige dieser Faktoren in Ihrem Arbeitsleben erkennen, können Sie damit beginnen, sie für bessere Ergebnisse zu verändern.

Die erste negative Form der Delegation betrifft die Person, die alles selbst machen will. Dies mag zunächst positiv klingen, aber in Wirklichkeit ist es überhaupt nicht positiv. Die Person, die darauf besteht, mehr Arbeit zu tun, als sie vernünftigerweise tun kann, oder Arbeit, zu der sie allein nicht vollständig in der Lage ist, wird nicht nur weniger produktiv, sondern beeinträchtigt auch die Produktivität aller, die bei der Ausführung der Arbeit auf sie zählen. Wenn Sie Angst haben, um Hilfe zu bitten, oder wenn Sie einfach anmaßend sind, können Sie alle anderen aufhalten, aber auch sich selbst.

Die zweite negative Form der Delegation besteht darin, dass sich die Person ihrer eigenen Verantwortung entzieht. Sie können andere bitten, Aufgaben zu erledigen, die Sie eigentlich selbst erledigen sollten. Sie tragen nicht nur nicht Ihr eigenes Gewicht, sondern Sie nehmen auch die wertvolle Zeit anderer Menschen in Anspruch.

Eine positive Delegation macht Sinn. Wenn Sie erkennen, dass Sie nicht alles tun können und dass Sie nicht alles gleich gut machen können, erhöhen Sie sowohl Ihre eigene Produktivität als auch die Produktivität der Menschen um Sie herum.

Wenn Sie eine sehr große oder schwierige Aufgabe oder ein schwieriges Projekt haben, bitten Sie andere darum, Ihnen bei der Arbeit zu helfen und diese schneller zu erledigen.

Anstatt Delegation als Eingeständnis von Schwäche oder Inkompetenz zu sehen, erkennen Sie das Ausmaß Ihrer eigenen Rolle und Fähigkeiten an. Dies wiederum gibt anderen die Möglichkeit, sich zu beteiligen und zu helfen, die Arbeit zu erledigen.

Zu delegieren, weniger zu tun, als man tun kann, oder weniger, als man vernünftigerweise erwarten kann, ist immer negativ.

Wenn Sie jedoch mit mehr Arbeit konfrontiert werden, als Sie allein vernünftigerweise erledigen können, oder wenn Sie nicht in der Lage sind, die Arbeit allein zu erledigen, ist Delegieren die vernünftige Lösung.

Wenn eine Arbeit erledigt werden muss, und zwar pünktlich und gut, dann wird Teamarbeit die besten Ergebnisse bringen.

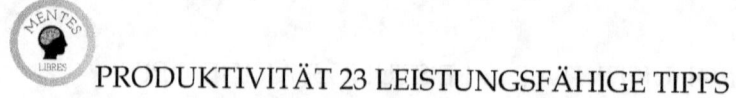

12. Erschöpfung vermeiden

Es gibt nur sehr wenig, was so leicht zu einem Rückgang der Produktivität führen kann wie Erschöpfung. Auch wenn Sie vielleicht versucht sind zu glauben, dass es ein guter Weg ist, jeden wachen Moment der Arbeit an seinem Arbeitsplatz zu widmen, gibt es einen zusätzlichen Faktor, den Sie vielleicht nicht bedacht haben. Wenn Sie bildlich gesprochen Ihre Arbeit mit nach Hause nehmen, können Sie Ihr Burnout-Risiko erhöhen und auf lange Sicht viel weniger erreichen.

Diese Art, die Arbeit mit nach Hause zu nehmen, bedeutet nicht, dass Sie in Ihrer Freizeit wesentliche Arbeiten verrichten müssen. Dazu gehört, dass Sie während Ihrer Freizeit Ihre Arbeit im Auge behalten. Wenn

Sie zu Hause oder an einem anderen Ort als Ihrem Arbeitsplatz sind, können Sie leicht überfordert werden, wenn Sie sich darauf konzentrieren.

In Ihrer Freizeit können Sie viel Zeit damit verbringen, über Ihre Arbeit nachzudenken.

Vielleicht machen Sie sich Gedanken darüber, ob Sie etwas pünktlich erledigen werden oder über die allgemeine Qualität Ihrer Arbeit. Dies kann dazu führen, dass man übermäßig gestresst, ängstlich und überfordert ist.

Vielleicht fühlen Sie sich von Ihrer Arbeit ermüdender, wenn Sie darüber nachdenken und sich Sorgen machen, als wenn Sie Ihre Arbeit tatsächlich tun.

Wenn Sie nach Ihrem normalen Arbeitstag keine Arbeit zu erledigen haben, können Sie ein Burnout vermeiden, indem Sie Ihre

Arbeit zu Hause lassen. Anstatt sich darüber zu beschweren, was Sie am nächsten Tag erreichen müssen, oder über die Fortschritte, die Sie mit etwas machen, an dem Sie arbeiten, versuchen Sie zu lernen, diese Gedanken und Bedenken dorthin zu bringen, wo sie hingehören.

13. Lieferungen sind ein Faktor

Vielleicht haben Sie schon einmal das alte Sprichwort gehört, dass ein guter Arbeiter sich immer um seine Werkzeuge kümmert. Dies gilt unabhängig davon, ob Sie in einem Büro oder von zu Hause aus arbeiten. Wenn Sie alle Ihre Vorräte in ausgezeichnetem Betriebszustand und leicht zugänglich halten, werden Sie produktiver sein.

Unabhängig davon, welche Art von Verbrauchsmaterialien Sie im Laufe eines durchschnittlichen Arbeitstages verwenden, Vernachlässigung kann Sie verlangsamen. Sie können Ihre Arbeit nicht effektiv erledigen, wenn Ihre Vorräte kaputt, beschädigt oder durch den Gebrauch abgenutzt sind. Wenn Sie versuchen, Materialien zu verwenden, die nicht in gutem Zustand sind, kann die Qualität Ihrer Arbeit darunter leiden. Es kann viel länger dauern, bis die Dinge erledigt sind, und sie werden nicht so gut sein, wie sie mit Vorräten, die sich in bestem Zustand befinden, sein könnten.

Stellen Sie es sich so vor: Wenn Sie versuchen, an einem Computer zu arbeiten, der nicht auf dem neuesten Stand ist, oder wenn Sie ein Handwerkzeug verwenden, das verbogen oder beschädigt ist, oder Bürogeräte, die während der Benutzung stehen bleiben, kann Ihre Produktivität völlig zum Erliegen kommen. Möglicherweise fühlen Sie sich frustriert oder verärgert und erledigen die Aufgabe überhaupt nicht.

Wenn alle Ihre Vorräte, Werkzeuge und Geräte unter idealen Bedingungen aufbewahrt werden, sind sie in einem besseren Zustand, um die Arbeit richtig zu erledigen. Ihre Arbeit wird nicht verlangsamt, und Sie gehen nicht das Risiko von Fehlern durch fehlerhafte Ausrüstung ein. Eine gute Versorgung in gutem Zustand bedeutet, die Dinge zu erledigen und die besten Ergebnisse zu erzielen.

Ganz gleich, wie sehr Sie es eilig haben, eine Aufgabe zu erledigen und einen Arbeitstag zu beenden, wenn Sie sich ein paar Minuten Zeit nehmen, um sicherzustellen, dass alles in gutem Zustand ist, sparen Sie Zeit und vermeiden unnötige Frustration. Sie können auch beschädigte Lieferungen oder Geräte so schnell wie möglich ersetzen. Sie können diese neue positive Gewohnheit noch weiter ausbauen, indem Sie dafür sorgen, dass alle Ihre Vorräte und Ausrüstungen dort aufbewahrt werden, wo sie hingehören, wenn Sie sie nicht mehr benötigen. Diese neuen Gewohnheiten kommen Ihnen zugute, aber auch allen, die die gleichen Materialien und Geräte verwenden. Dadurch wird Ihr Arbeitstag viel reibungsloser und Sie werden produktiver sein.

Wenn Sie frei haben, entwickeln Sie positive Gewohnheiten. Wenn Sie lernen, sich zu entspannen, an gesunden Freizeitaktivitäten teilzunehmen und Ihren Freunden und Ihrer Familie Zeit und Aufmerksamkeit zu schenken, wird das Burnout-Risiko verringert. Wenn Sie einmal begonnen haben, diese Gewohnheiten zu entwickeln, wird es nicht lange dauern, bis Sie die Ergebnisse sehen.

Sie werden jeden neuen Arbeitstag körperlich, emotional und geistig erfrischt beginnen. Sie werden Ihrer Arbeit mehr zu geben haben, wenn sie aktualisiert wird. Sie werden motivierter, energischer und produktiver sein.

14. Eine positive Einstellung

Nichts hat die Kraft, Ihre Produktivität so sicher und leicht zu steigern, wie eine positive Stimmung. Auch wenn Sie vielleicht nicht die Zeit oder die Neigung haben, Affirmationen an sich selbst während des Arbeitstages zu wiederholen, ist es wichtig zu erkennen, dass Ihre Denkweise Ihre Produktivität beeinflusst und beeinflusst.

Wenn Sie in Ihrem Privatleben Probleme haben, werden Sie umso besser abschneiden, je mehr Sie diese aus Ihrem Arbeitsalltag heraushalten können. Selbst wenn etwas besonders problematisch ist, sollten Sie alles tun, was Sie können, um Ihre persönlichen Probleme von Ihrem Arbeitsleben zu trennen. Wenn es etwas gibt, bei dem Sie Hilfe brauchen, kann es Sie davon abhalten, in Ihrer Freizeit Hilfe zu bekommen, um Ihre Arbeit nicht zu behindern.

Wenn es andererseits etwas Negatives in Ihrem Arbeitsleben gibt, sollte es so schnell wie möglich angesprochen und behandelt werden. Sich überwältigt, ängstlich, gestresst oder überfordert zu fühlen, wird Sie nur bremsen.

Je mehr Sie positiv und optimistisch sein können, desto mehr werden Sie erreichen. Selbst wenn Sie vor einer besonders großen oder schwierigen Aufgabe stehen, kann eine positive Stimmung Ihnen helfen, mehr zu erreichen, als Sie dachten.

Man kann nichts auf einmal tun. Manchmal braucht es viele kleine Schritte, um etwas zu tun. Manchmal kommt es zu Fehlern und Rückschlägen. Wenn Sie jedoch erkennen, dass jeder Schritt Sie Ihrem Ziel näher bringt, sind Sie auf dem richtigen Weg. Wenn Sie sich sagen, dass jede kleine Errungenschaft ein Ziel an sich ist, geben Sie sich selbst die Ermutigung und Motivation, die Sie für den Erfolg brauchen.

Ein positiver Geisteszustand ist nicht für jeden selbstverständlich. Wenn Sie einer der vielen Menschen sind, die sich noch nie viel Gedanken darüber gemacht haben, dann ist heute der ideale Zeitpunkt, damit zu beginnen. Ein positiver Geisteszustand ermöglicht es Ihnen, sich selbst und Ihre Fähigkeiten sicherer zu fühlen. Auch wenn Selbstvertrauen für Sie eine relativ neue Erfahrung ist, werden Sie die Früchte in kürzester Zeit ernten. Sie werden bald sehen, wie wichtig eine positive Stimmung ist, und dies wird dazu führen, dass Sie mit den Ergebnissen zufriedener sein werden.

15. Negativität widerstehen

Negativität ist ein großer Block für die Produktivität. Sie stellt auch sicher, dass alles, was getan wird, weder zufriedenstellend ist noch geschätzt wird. Unabhängig davon, ob die Negativität, der man sich widersetzt, die eigene ist oder die eines anderen, je eher sie gelöst wird, desto eher wird sie sich wieder normalisieren.

Negativität kann in vielen Formen auftreten, und alle sind kontraproduktiv. Negativität kann in Form von Verachtung auftreten. Möglicherweise sind Sie sich nicht sicher, ob Sie die Arbeit gut machen können oder ob Sie sie gut machen. Wenn Sie glauben, dass sich ein Scheitern am Horizont abzeichnet, dann ist dies der sicherste Weg, dies zu erreichen.

Sie können der Negativität der Verachtung widerstehen, indem Sie sich an Ihre Kompetenz erinnern.

Möglicherweise müssen Sie dies regelmäßig üben. Wenn Sie nicht zulassen, dass ein negatives Licht Ihre Fähigkeiten überschattet, werden Sie nicht aufhören können.

Negativität kann auch in Form von Beschwerden auftreten. Ob Sie sich nun über Ihre Arbeit oder über etwas anderes in Ihrem Leben beschweren, diese Art von Negativität kann Ihre Arbeit beeinträchtigen. Klagen zermürbt Sie und ruiniert Ihre Fähigkeit, sich richtig zu konzentrieren.

Wenn Sie dem Drang widerstehen, sich jedes Mal zu beschweren, wenn Ihnen danach ist, werden Sie Schritte unternehmen, um die Negativität aus Ihrem Arbeitsleben herauszuhalten. Anstatt vom Jammern müde und launisch zu werden, wird Ihr Energieniveau am besten sein.

Sorge ist eine weitere Form der Negativität. Es kann Sie verlangsamen und weniger produktiv machen. Auch wenn es schwierig erscheinen mag, ist es ein guter Ansatz, sich daran zu erinnern, dass mit Besorgnis nichts erreicht wird.

Wenn es sich um ein Problem handelt, das Sie lösen können, dann wird es Ihre Sorgen verringern, wenn Sie es so schnell wie möglich tun. Wenn es nicht sofort angegangen werden kann, versuchen Sie, das Problem während Ihrer Arbeit zu vergessen. Vielleicht müssen Sie sich sogar sagen, dass Sorgen allein ein Problem nicht lösen werden. Dies wird Ihnen helfen, sich besser zu fokussieren und zu konzentrieren.

Wenn Sie feststellen, dass Ihre Negativität extrem ist, kann es hilfreich sein, um Hilfe von außen zu bitten. Sie können lernen, in einem besseren Geisteszustand zu sein. Das ist besser für Ihre allgemeine Gesundheit und auch besser für Ihre Produktivität.

Je mehr Sie in der Lage sind, sich regelmäßig gegen Negativität zu wehren, desto mehr werden Sie erreichen.

16. Aufgaben für Ihr Ziel

Manche Menschen haben die Angewohnheit, ihr Ziel als die Hauptsache zu sehen, die sie erreichen müssen. Vielleicht sehen sie es sogar als das einzige, was sie erreichen müssen. Wenn Ihnen das bekannt vorkommt, verpassen Sie etwas sehr Wichtiges, das Ihre Produktivität steigern kann. Wenn Sie jede einzelne Aufgabe, die Sie erledigen müssen, um Ihr Ziel zu erreichen, als etwas sehr Wichtiges an sich selbst betrachten, werden Ihre Fortschritte viel reibungsloser verlaufen und Sie werden mehr tun können.

Eine gute Möglichkeit, darüber nachzudenken, ist der Bau eines Hauses. Wenn man nur an das ganze Haus denkt, verpasst man alle Schritte auf dem Weg dorthin. Es sind viele Schritte notwendig, um ein Haus zu bauen. Nichts darf ausgelassen oder falsch gemacht werden, wenn Sie wollen, dass das Haus stark und in ausgezeichnetem Zustand ist, wenn es fertig ist.

Die Ziele, die Sie in Ihrem Arbeitsleben verfolgen, sind ähnlich. Unabhängig davon, was Ihr spezielles Ziel ist, gibt es eine Reihe von Schritten, die unternommen werden müssen, um es zu erreichen. Um die bestmöglichen Ergebnisse zu erzielen, erfordert jede Aufgabe Zeit, Anstrengung, Arbeit und Konzentration.

Wenn Sie ein sehr wichtiges Ziel vor sich haben, könnten Sie versucht sein, einige der Aufgaben dazwischen abzukürzen. Vielleicht haben Sie sogar das Gefühl, dass Sie Ihr endgültiges Ziel viel schneller erreichen, wenn Sie Ihre Aufgaben überstürzt erledigen. Dies ist nie ein guter Ansatz. Wenn Sie nicht bei jeder noch so kleinen Aufgabe Ihr Bestes geben, werden die Endergebnisse nicht so zufriedenstellend sein, wie Sie es sich erhoffen.

Bei jeder Aufgabe sein Bestes zu geben, bedeutet nicht, etwas wichtiger erscheinen zu lassen, als es in Wirklichkeit ist, Zeit zu verschwenden oder das eigentliche Ziel zu vergessen.

Ihr Bestes zu tun, bedeutet sicherzustellen, dass jede Aufgabe, die Sie erledigen, die Zeit und Aufmerksamkeit erhält, die sie verdient. Es bedeutet, die kleinsten Arbeitsplätze genauso ernst zu nehmen wie die größten.

Wenn Sie jeder einzelnen Aufgabe genügend Zeit und Aufmerksamkeit widmen, werden Sie nicht gebremst. Tatsächlich kann es Ihnen helfen, für jede Aufgabe, die auf Sie wartet, besser motiviert zu sein. Wenn Sie Ihr Bestes für alle geben, und sei es noch so klein, erhöht das Ihre Chancen, mit dem Endergebnis völlig zufrieden zu sein, wenn Sie Ihre wichtigsten Ziele erreichen.

17. Über Ihre Mitarbeiter und Angestellten

Es gibt einen Trend, der in der heutigen Geschäftswelt populär ist. Einige Leute glauben, dass Wettbewerb der beste Weg zur Produktivitätssteigerung ist. Unabhängig davon, in welcher Branche Sie tätig sind, wird dieser Ansatz wahrscheinlich nach hinten losgehen.

Erstens ist Teamarbeit viel besser als Wettbewerb. Wenn Sie den Ansatz verfolgen, dass alle für das Gemeinwohl des Unternehmens arbeiten, wird mehr erreicht werden. Wenn der Sinn für Wettbewerb beseitigt ist, wird jeder so viel wie möglich beitragen wollen, einfach weil es sein Platz ist. Sie werden nicht das Gefühl haben, dass Sie Ihre Kollegen übertreffen müssen, was wiederum das Gefühl der Teamarbeit verstärkt. Wenn alle als Team zusammenarbeiten und auf ein gemeinsames Ziel hinarbeiten, wird die Produktivität steigen.

Zweitens muss jeder das Gefühl haben, dass er es zu schätzen weiß. Dies gilt am Arbeitsplatz genauso wie überall sonst. Der beste Mitarbeiter, und der Mitarbeiter, der am meisten leistet, ist derjenige, der glaubt, dass seine Arbeit geschätzt wird.

Ein weiterer Faktor zur Steigerung der Produktivität ist die Verringerung von Spannungen, Reibungen und Konflikten am Arbeitsplatz. Wenn es Mitarbeiter gibt, die mit anderen nicht zurechtkommen, oder wenn jemand anders die Arbeit für sie erledigt, oder wenn es einfach schwierig ist, regelmäßig mit diesem oder diesen Leuten zusammen zu sein, sollten diese Art von Problemen so schnell wie möglich angegangen werden.

Die Produktivität ist am besten am Arbeitsplatz, wo alle miteinander auskommen. Das bedeutet nicht, Zeit mit unnötigen Gesprächen und Besuchen zu verschwenden. Es genügt in der Regel, einfach anzuerkennen, dass alle für den gleichen Zweck da sind.

Der Arbeitsplatz sollte ein Ort sein, an dem sich jeder Mitarbeiter wohl fühlt. Es sollte ein Ort sein, an dem jeder weiß, dass seine Mitarbeiter alle die gleichen Ziele vor Augen haben. Wenn jede Person weiß, dass sie ein wertvoller Teil des Unternehmens und ein wertvoller Teil des Teams ist, wird sich jede Person sicherer fühlen und produktiver sein.

18. Persönliche Ermutigung

Sich selbst zu ermutigen, indem man sich während einer Aktivität belohnt, kann eine gute Sache sein. Leider kann es, wenn es falsch angegangen wird, problematischer sein, als es wert ist. Wenn Sie glauben, dass Sie sich jedes Mal, wenn Sie etwas erreichen, eine Auszeit, besondere Gaben oder etwas anderes Bemerkenswertes schulden, werden Sie bald feststellen, dass Sie sehr wenig erreichen. Anstatt es als Belohnung für eine gut gemachte Arbeit zu sehen, haben Sie vielleicht langsam das Gefühl, dass Sie für die Erfüllung von Aufgaben, die ohnehin in Ihrem Verantwortungsbereich liegen, Anspruch auf besondere Belohnungen oder Gefälligkeiten haben.

Deshalb ist es in der Regel keine gute Idee, sich selbst kleine "Extras" zu geben, um seine Arbeit zu erledigen. Noch negativer ist es, wenn Sie von Ihrem Chef oder Ihren Mitarbeitern besondere Anerkennung oder Belohnungen für das, was Sie tun sollen, erwarten. Sich selbst zu belohnen, als ob man eine spektakuläre Leistung vollbracht hat, ist nicht der beste Weg, um die Arbeit zu erledigen.

Stattdessen sollte ein wenig Ermutigung die einzige Belohnung sein, die Sie brauchen. Wenn Sie eine Aufgabe termingerecht erledigen oder ein Projekt besonders gut durchführen, können Sie es als kleinen, aber wichtigen Erfolg erkennen. Wenn Sie diese Art der Ermutigung mit einem figurativen Klaps auf die Schulter anwenden, belohnen Sie sich selbst für eine gut gemachte Arbeit. Sie werden auch bereit sein, mit der nächsten Aufgabe oder dem nächsten Schritt fortzufahren.

Dieses Konzept funktioniert gleichermaßen gut, ob Sie allein oder in einer Gruppe arbeiten. Wenn sich niemand gezwungen sieht, zu glauben, dass er eine Art besondere Anerkennung für seine Arbeit erhalten sollte, wird die Priorität darauf liegen, die Arbeit zu erledigen. In Arbeitsumgebungen, in denen mehrere Menschen als Gruppe zusammenarbeiten, wird sich niemand mehr oder weniger wichtig fühlen als andere. Jeder wird erkennen, dass von ihm oder ihr erwartet wird, dass er oder sie etwas beiträgt, ohne zu erwarten, dass er oder sie dafür etwas Einzigartiges erhält.

Wenn Sie sich selbst auf diesem Weg ermutigen, wird dies Ihre Stimmung und Ihre Motivation auf dem Höhepunkt halten. Auch wenn größere Leistungen zu einer kleinen zusätzlichen Belohnung führen können, sollte persönliche Ermutigung die einzige Belohnung sein, die Sie für Ihre Arbeit benötigen.

19. Überdehnung widerstehen

Es gibt zwei Möglichkeiten, wie man zu weit gehen kann. Sie können mehr Arbeit leisten, als Sie vernünftigerweise tun können; oder Sie können Arbeit übernehmen, die über Ihre Fähigkeiten hinausgeht. Beides kann Ihre Energie überlasten, Sie frustrieren und sehr entmutigen. Sie führen auch dazu, dass sie weniger produktiv sind.

Vielleicht kennen Sie Personen, die arbeitssüchtig sind. Diese Art von Menschen, die auch noch lange nachdem sie den Arbeitsplatz verlassen haben, weiterarbeiten, haben vielleicht das Gefühl, dass sie viele Stunden nach ihrem Ausscheiden aus dem Beruf immer noch etwas anderes zu tun haben. Diese Subjekte mögen das Gefühl haben, dass keine Arbeit getan wird oder dass sie nicht richtig ausgeführt wird, wenn sie es nicht selbst tun.

Wenn Sie diese Person sind, ist jetzt ein guter Zeitpunkt, um Ihre Überdehnungsgewohnheiten zu bewerten. Während Sie wahrscheinlich vorsichtig sein und alles erledigen wollen, was in Ihrer Verantwortung liegt, werden Sie nicht produktiver, wenn Sie sich zu sehr anstrengen. Es kann genau den gegenteiligen Effekt haben.

Eine regelmäßige Überanstrengung wird Sie erschöpfen und Ihrer Gesundheit schaden. Sich in diesen Zustand zu versetzen, kann Ihre Konzentrationsfähigkeit beeinträchtigen. Sie könnten anfangen, unnötige Fehler zu machen oder vergesslich zu werden. Sie werden nicht in der Lage sein, so viel zu tun, wie Sie gehofft hatten.

Sie können sich einer Überforderung widersetzen, indem Sie sowohl mit Ihren Fähigkeiten als auch mit Ihrer Zeit vernünftig umgehen. Selbst wenn Sie an einem sehr wichtigen Projekt arbeiten, können Sie nicht "24/7" darauf setzen und erwarten, dass es gut läuft.

Sie müssen sich ausreichend Zeit nehmen, um sich auszuruhen, zu essen und Sport zu treiben, und sogar etwas Erholung, um in der besten Verfassung zu sein, um die Arbeit zu erledigen.

Sich selbst zu überfordern, wenn man versucht, eine Arbeit zu verrichten, die über die eigenen Fähigkeiten hinausgeht, kann auch kontraproduktiv sein.

Wenn Sie dafür nicht voll qualifiziert sind, wird es nicht funktionieren. Anstatt sich mit etwas zu überfordern, von dem man weiß, dass man es nicht tun kann, ist es besser, es jemandem zu überlassen, der tatsächlich qualifiziert ist, es richtig auszuführen.

Es muss nicht sein, dass Sie sich von Ihrer Arbeit entmutigen lassen. Wenn Sie sich nicht zu sehr anstrengen, werden Sie produktiver sein, als wenn Sie versuchen, alles auf sich zu nehmen.

20. Warum müssen Sie Stress abbauen?

Stress hat viele Ergebnisse, und keines davon ist positiv. Die Folgen von Stress können der Arbeit im Wege stehen. Selbst wenn eine Arbeit abgeschlossen ist, können die Folgen von Stress Ihr Erfolgserlebnis und Ihre Zufriedenheit minimieren. Wenn Sie Stress abbauen, werden Sie Ihr Bestes tun und das Ergebnis zu schätzen wissen.

Da jeder Mensch ein Individuum ist, kann es für Sie hilfreich sein, die besten Wege zum Stressabbau zu bestimmen. Eine Kaffeepause, ein zügiger Spaziergang oder das Nachdenken über etwas ganz anderes für ein paar Minuten sind einige Möglichkeiten, die Ihnen hilfreich sein können. Ihre eigene Persönlichkeit und Ihre individuellen Bedürfnisse sollten die entscheidenden

Faktoren sein. Eine Methode, die bei der einen Person funktioniert, muss bei der nächsten nicht unbedingt so gut funktionieren.

Wenn Sie Ihren Stress nicht ablegen, wenn es nötig ist, werden Sie nicht viel tun. Stress kann Ihnen die Konzentration nehmen, so dass Sie sich auf etwas anderes konzentrieren müssen als auf die eigentliche Aufgabe. Zu viel Stress, insbesondere wenn er über einen längeren Zeitraum andauert, kann zu Müdigkeit und körperlichen Erkrankungen führen. Zusätzlich zu Kopfschmerzen und einem allgemeinen Unwohlsein kann anhaltender Stress sogar Ihr Immunsystem schwächen. Im schlimmsten Fall können extreme und lang anhaltende Belastungen zu medizinischen Komplikationen führen.

Wenn Stress die Macht hat, all diese Probleme zu verursachen, sollte es leicht zu erkennen sein, wie er sich auf Ihre Arbeit auswirken kann. Deshalb sollte man

Stressabbau, wenn er notwendig ist, nicht als Luxus, Unsinn oder Zeitverschwendung betrachten.

Entspannungsarbeit sollte nicht als Entschuldigung angesehen werden. Wenn Sie einmal begonnen haben, die Auswirkungen von Stress auf Ihr Arbeitsleben zu beurteilen, sollte es nicht schwierig sein, zu bestimmen, wann die Notwendigkeit besteht, Stress zu beseitigen. Weder Sie noch Ihre Arbeitsstelle können es sich jedoch leisten, Stressabbau als Entschuldigung für Faulheit oder Verantwortungslosigkeit zu benutzen. Eine kurze Pause für eine bestimmte Art von Antistressmethode, die für Sie am besten geeignet ist, sollte Ihren Stress reduzieren oder lindern. Wenn Sie nicht von Stress überwältigt sind, wird es Ihnen leichter fallen, sich auf das, was Sie tun, zu konzentrieren und es zu tun.

21. Setzen und ordnen Sie Ihre Prioritäten

Wenn Sie bei der Arbeit sind, ist so ziemlich alles, was Sie tun, wichtig.

Die Festlegung und Einstufung Ihrer Prioritäten wird jedoch dazu beitragen, dass alles in der richtigen Perspektive bleibt. Dies ist eine positive Art, die Dinge zu tun.

Setzen und Setzen von Prioritäten bedeutet zu erkennen, dass einige Aufgaben mehr Zeit als andere und einige Aufgaben mehr Arbeit als andere erfordern.

Wenn Sie den Fehler begehen, für jede Aufgabe gleich viel Zeit aufwenden zu wollen, werden Sie langsamer werden und nicht so viel erreichen, wie Sie sollten.

Obwohl Sie bei jeder Aufgabe Ihr Bestes geben wollen, ist die Bestimmung der Aufgaben, die mehr Zeit und Mühe erfordern, ein viel produktiverer Ansatz, als zu versuchen, alles so zu sehen, wie es ist.

Ihre Prioritäten zu setzen und zu ordnen bedeutet auch zu bestimmen, welche Aufgaben zuerst erledigt werden müssen. Ihnen mag klar sein, dass dies nur logisch ist, aber es geschieht oft nicht auf diese Weise. Möglicherweise steht ein sehr großes Projekt am Horizont, das einen wesentlich größeren Zeit- und Arbeitsaufwand erfordert als die kleineren Projekte, die Ihnen zur Verfügung stehen.

Vielleicht gibt es eine, die einen erheblichen Zeitraum oder sogar eine Frist beinhaltet. In solchen Fällen könnten Sie versucht gewesen sein, zuerst die kleineren, leichteren Aufgaben zu erledigen.

Wenn Sie eine Rangfolge Ihrer Prioritäten aufstellen, können Sie damit beginnen, zu entscheiden, welche Arbeit oder welches Projekt Ihre Aufmerksamkeit zuerst benötigt. Diese Methode stellt nicht nur sicher, dass die Arbeit erledigt wird, sondern auch, dass Sie sie ohne ausreichende Motivation korrekt erledigen.

Ähnlich wie bereits früher in diesem Buch gesagt wurde, dass man die schwierigsten Aufgaben zuerst übernehmen muss, gilt auch hier: Je früher man eine Aufgabe mit einer Frist beginnt, desto wahrscheinlicher ist es, dass man sie termingerecht abschließt.

Das Setzen und Einordnen Ihrer Prioritäten ist keine schwierige oder zeitraubende Aufgabe. Wenn Sie jeden Arbeitstag mit einer kurzen Zusammenfassung all dessen

beginnen, was Sie zu erledigen haben, können Sie den Aufgaben, die zuerst erledigt werden müssen, höchste Priorität einräumen.

Ihr gesamter Arbeitstag wird viel reibungsloser verlaufen, und Sie werden mehr tun können.

22. Üben Sie gute Kommunikationsfähigkeit en aus

Unabhängig davon, ob Sie allein oder in einem geschäftigen Büro arbeiten, sollten gute Kommunikationsfähigkeiten ein fester Bestandteil Ihres täglichen Arbeitslebens sein. Je besser Sie wissen, wie Sie diese Fähigkeiten entwickeln können, desto mehr werden Sie tun können. Im Gegenzug kann jeder, mit dem Sie zusammenarbeiten, produktiver sein.

Einige Menschen sollten daran erinnert werden, dass zu guten Kommunikationsfähigkeiten das Wissen um den Unterschied zwischen erfolgreicher Kommunikation und sinnloser Zeit gehört.

Vielleicht haben Sie jemanden in Ihrem Büro, der gerne den ganzen Tag lang Kollegen "besucht" oder immer am Telefon zu sprechen scheint. Diese Art der sozialen Aktivität ist für den Arbeitsplatz nicht geeignet. Sie verhindert, dass die Arbeit erledigt werden kann.

Gute Kommunikationsfähigkeiten am Arbeitsplatz lassen sich im Allgemeinen in zwei Kategorien zusammenfassen. Es gibt die Art der Kommunikation, die so direkt und kurz wie möglich sein sollte. Sie können sagen, was Sie zu sagen haben, eine Frage stellen oder etwas klären, ohne Ihre eigene Zeit oder die des anderen zu verschwenden.

Die andere Art der Kommunikation umfasst das Geben, Empfangen oder Austauschen von Informationen. Möglicherweise müssen Sie jemanden über einen Aspekt Ihrer Arbeit informieren oder um eine detaillierte Erläuterung eines Projekts bitten. In den meisten Fällen sind dies die einzigen

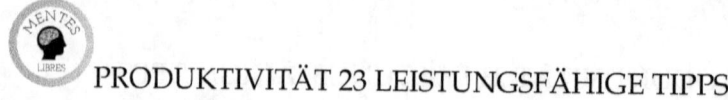

Kommunikationsformen, die den Arbeitsplatz verbessern und die Produktivität steigern.

Zu guten Kommunikationsfähigkeiten gehört auch, dass man ansprechbar ist und zuhört, was die andere Person sagt. Einfach zu warten, bis Sie an der Reihe sind, um zu sprechen, ist eine negative Angewohnheit, die in der Kindheit hätte beseitigt werden müssen. Wenn Sie noch nicht die Gewohnheit entwickelt haben, gut zuhören zu können, kann es hilfreich sein, diese Gewohnheit in Ihrer Freizeit zu praktizieren.

Wenn Sie gelegentlich mit Ihren Kollegen zu Mittag essen oder eine Pause mit ihnen machen, kann dies eine ausgezeichnete Zeit sein, um Ihre Zuhörfähigkeiten zu entwickeln.

Das Üben guter Kommunikationsfähigkeiten am Arbeitsplatz spart Zeit. Wenn die Fragen,

 PRODUKTIVITÄT 23 LEISTUNGSFÄHIGE TIPPS

Antworten und Erklärungen beim ersten Reden vollständig eingegangen sind, entfällt die Notwendigkeit der Wiederholung.

Es gibt der anderen Person auch die Botschaft, dass das, was Sie sagen, wertvoll ist. Wenn alle "auf der gleichen Seite" stehen, werden alle mehr tun.

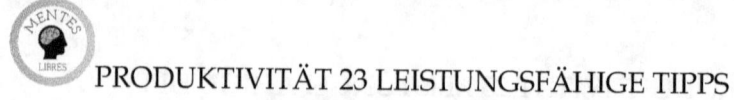

23. Strategien sind überall angebracht!

Wenn Sie das Wort "Produktivität" hören, fällt Ihnen wahrscheinlich als Erstes Ihre Arbeit und Ihr Arbeitsplatz ein. Die gute Nachricht ist, dass all diese Strategien zur Produktivitätssteigerung auch für andere "Orte" des Lebens geeignet sind. Sie sind ebenso nützlich für Studenten, die mehr mit ihrer Arbeit im College oder in der Highschool anfangen wollen, und sogar für Hausfrauen, die nie genug Zeit zu haben scheinen, um alles zu tun, was getan werden muss.

Ein Tag hat nur vierundzwanzig Stunden. Dies gilt für alle gleichermaßen. Im Interesse Ihrer allgemeinen Gesundheit und Ihres Wohlbefindens sollte eine Anzahl dieser

Stunden für Schlaf, Erholung und andere wichtige gesundheitsbezogene Gewohnheiten vorgesehen werden.

Auch wenn dadurch noch viele Stunden am Tag übrig bleiben, um Dinge zu erledigen, kann Ihre Zeit fehlgeleitet oder verschwendet werden, wenn Sie es zulassen oder wenn Sie sich nicht sicher sind, wie Sie diese Stunden am besten bewältigen können.

Strategien, um Dinge zu erledigen, konzentrieren sich darauf, wie Sie Ihre Arbeitszeiten für eine optimale Produktivität am besten verwalten können.

Wenn Sie lernen, keine Zeit zu verlieren und jede Stunde und jeden Tag optimal zu nutzen, werden Sie mehr tun. Anstatt sich gestresst, überlastet zu fühlen, was zu weniger als zufriedenstellenden Ergebnissen führen kann, werden die Ergebnisse, die Sie erzielen, echte Errungenschaften sein.

Diese Strategien zu entwickeln und zu praktizieren, um Dinge zu erledigen, wird nicht viel Zeit oder Mühe erfordern. Ein wenig Motivation und die Bereitschaft, mit der Umsetzung in die Praxis zu beginnen, ist wirklich alles, was man braucht. Sie werden nicht nur immer produktiver aussehen, sondern Sie werden jeden Tag als einen Ihrer besten Momente erleben.

Besuchen Sie unsere Website! Holen Sie sich weitere Bücher von MENTES LIBRES!

https://www.amazon.de/MENTES-LIBRES/e/B08274DDV4?ref_=dbs_p_ebk_r00_abau_000000

Wenn Sie möchten, können Sie Ihren Kommentar zu diesem Buch hinterlassen, indem Sie auf den folgenden Link klicken, damit wir uns weiter entwickeln können! Vielen Dank für Ihren Kauf!

https://www.amazon.de/dp/B0892GWF3F

www.ingramcontent.com/pod-product-compliance
Lightning Source LLC
Chambersburg PA
CBHW050249220526
45465CB00002B/615